MW01226087

Éveil de l'intérêt

Aidez les élèves à comprendre et approfondir les thèmes du cours de développement du caractère en lisant des histoires et des romans qui présentent des comportements positifs. Vous pouvez aussi prévoir un tableau d'affichage sur un comportement particulier, où les élèves pourront présenter leurs travaux et projets, des articles de journaux ou de magazines, etc.

Feuilles reproductibles et organisateurs graphiques

Encouragez les élèves à utiliser les feuilles reproductibles et les organisateurs graphiques pour présenter de l'information, revoir des concepts importants et fournir de nouvelles occasions d'apprentissage. Les organisateurs graphiques les aideront à se concentrer sur des idées importantes ou à faire des comparaisons directes.

Jeux de rôles

Les jeux de rôles offrent aux élèves d'excellentes occasions de comprendre comment les autres se sentent dans différentes situations et de développer leur empathie. N'introduisez les jeux de rôles qu'une fois que les élèves de la classe se connaissent et sont à l'aise les uns avec les autres. Fixez des règles pour ces activités afin d'éviter les comportements inopportuns. Les éléments ci-dessous permettront aux élèves de retirer le maximum des jeux de rôles :

- mise en scène du scénario proposé;
- discussion et analyse du scénario;
- poursuite du jeu de rôles sur diverses variantes;
- discussion sur les conclusions au sujet du scénario.

Développement du caractère, 4e à 6e année

LA FIERTÉ ET L'ESTIME DE SOI

Estime de soi : le fait d'avoir une opinion positive de soi-même
Fierté : le fait d'être content ou satisfait de ses réalisations, de ses réussites et de sa situation

Forces et faiblesses

Demandez aux élèves d'utiliser un organisateur graphique pour démontrer leurs forces, et un autre présentant les faiblesses qu'ils estiment devoir améliorer. Insistez sur le fait que tout le monde a des forces et des faiblesses.

Amorces de discussion :

- Comment te sens-tu quand tu as réussi quelque chose?
- Crois-tu qu'il est acceptable d'avoir des choses à améliorer?
- Choisis un aspect que tu aimerais améliorer. Quelles étapes suivrais-tu pour y parvenir?

L'Élève de la semaine

Le fait de choisir un « Élève de la semaine » est non seulement un excellent moyen de développer la fierté et l'estime de soi chez les élèves, mais aussi une façon de les amener à mieux connaître leurs camarades de classe et de favoriser l'esprit de corps. Prévoyez un tableau où seront affichés des renseignements sur l'élève, ainsi que ses photos et ses travaux scolaires. Vous voudrez peut-être inclure des petits mots rédigés par les autres élèves pour féliciter l'Élève de la semaine ou lui exprimer leur appréciation.

Célébration des réalisations

Les certificats fournis dans le présent guide vous permettront de souligner les réalisations et les qualités des élèves. Tenez un registre des certificats qui ont été décernés, afin de surveiller certains comportements ou réalisations chez les élèves. Les certificats peuvent être remis aux élèves dès qu'ils les méritent, à moins que vous ne préfériez tenir des réunions périodiques pour les distribuer.

L'influence des pairs

Abordez la question de l'influence des pairs avec le groupe. Expliquez qu'il s'agit de la pression exercée par des personnes de notre âge nous poussant à faire des choses que nous ne ferions pas normalement. Cette influence peut être positive ou négative. Créez un tableau en T présentant des exemples d'influence négative ou positive par les pairs.

Amorces de discussion :

- Pourquoi les gens aiment-ils faire partie d'un groupe?
- Que faut-il pour être capable de résister à l'influence négative de ses pairs?
- T'est-il déjà arrivé de te faire pousser par tes pairs à faire quelque chose contre ton gré? Que s'est-il passé? Comment te sentais-tu?
- Tes pairs t'ont-ils déjà influencé positivement à tenter quelque chose de nouveau? Que s'est-il passé? Comment te sentais-tu?

Le stress

Les enfants doivent faire face au stress, tout comme les adultes. De nombreux enfants ont non seulement la responsabilité de leurs travaux scolaires, mais aussi d'activités parascolaires et de tâches ou responsabilités familiales. Avec autant d'activités, ils n'ont peut-être pas beaucoup de temps pour se détendre. Ils peuvent être fatigués et débordés, et craindre de ne pas pouvoir terminer toutes leurs tâches. Faites un remue-méninges pour trouver des façons de faire face au stress et à l'inquiétude, puis notez-les dans une toile d'idées. Par exemple : écouter de la musique, faire de l'exercice, établir un horaire et une liste de tâches à compléter, dormir suffisamment, etc.

Amorces de discussion :

- Que signifie le mot « stress »?
- Comment se sent-on quand on est tendu?
- T'arrive-t-il de t'inquiéter? Donne des exemples.
- À qui parles-tu de tes inquiétudes?

AMORCES DE DISCUSSION SUR L'ESTIME DE SOI

DISCUSSION SUR L'ESTIME DE SOI

Qu'est-ce que l'estime de soi?

Explique ta réponse.

DISCUSSION SUR L'ESTIME DE SOI

Si quelqu'un se vante ou se pavane, qu'est-ce que cela révèle sur son estime de soi?

Explique ta réponse.

DISCUSSION SUR L'ESTIME DE SOI

Quand as-tu eu des pensées positives à ton sujet la dernière fois?

Explique ta réponse.

DISCUSSION SUR L'ESTIME DE SOI

Le fait d'essayer quelque chose de nouveau t'aide-t-il à te sentir fier ou fière de toi?

Explique ta réponse.

DISCUSSION SUR L'ESTIME DE SOI

Y a-t-il des gens qui influencent l'opinion que tu as de toi-même?

De qui s'agit-il et pourquoi?

DISCUSSION SUR L'ESTIME DE SOI

Quelles activités fais-tu pour te sentir bien dans ta peau?

Explique ta réponse.

AMORCES DE DISCUSSION SUR L'ESTIME DE SOI

DISCUSSION SUR L'ESTIME DE SOI

Est-ce une bonne idée de se comparer aux autres?

Explique ta réponse.

DISCUSSION SUR L'ESTIME DE SOI

Nomme un aspect de ta personnalité qui te plaît.

Pourquoi?

DISCUSSION SUR L'ESTIME DE SOI

Comment te sens-tu quand on te fait un compliment?

Explique ta réponse.

DISCUSSION SUR L'ESTIME DE SOI

Pense à un moment où tu n'étais pas fier ou fière de toi, et que tu te sentais mieux par la suite.

Qu'est-ce qui a changé ta perception?

DISCUSSION SUR L'ESTIME DE SOI

Que peux-tu faire pour aider quelqu'un qui n'est pas bien dans sa peau?

Explique ta réponse.

DISCUSSION SUR L'ESTIME DE SOI

Quelle opinion devrait être la plus importante à tes yeux?

Pourquoi?

MONTRONS NOTRE FIERTÉ

Rédige un paragraphe dans ce ballon à propos d'une chose dont tu es fier ou fière.

JE SUIS FIER OU FIÈRE...

ANALYSE D'UNE PUBLICITÉ

Découpe et colle ici un message publicitaire qui fait la promotion de l'estime de soi.

Pourquoi as-tu choisi cette publicité? Explique ta réponse.

_____

_____

_____

_____

_____

LA PERSÉVÉRANCE ET L'ASSIDUITÉ

Persévérance : la détermination à faire des efforts, sans abandonner malgré les difficultés ou les contretemps
Assiduité : une application constante

La persévérance et l'assiduité

Discutez en groupe du sens que les élèves accordent aux mots « persévérance » et « assiduité ». Donnez l'exemple d'une athlète qui doit persévérer et s'appliquer afin d'acquérir les habiletés nécessaires pour devenir championne. Utilisez un organisateur graphique pour énumérer les efforts requis. Demandez ensuite aux élèves de compléter un organisateur graphique pour démontrer la persévérance nécessaire dans l'un des apprentissages suivants :

- apprendre à jouer d'un instrument de musique;
- apprendre une nouvelle langue;
- apprendre à danser;
- apprendre à chanter;
- un apprentissage de leur choix.

Les objectifs personnels

Proposez aux élèves d'établir des objectifs personnels. Encouragez-les à persévérer pour atteindre leurs buts.

- Dites-leur que vous avez confiance en leur capacité d'atteindre leurs objectifs.
- Donnez-leur honnêtement vos impressions sur ce qu'ils réussissent et ce qu'ils doivent améliorer.
- Si une tâche semble insurmontable aux élèves, décomposez-la en éléments plus faciles à accomplir.
- Dites-leur de ne pas se décourager si quelque chose est difficile. Affirmez-leur qu'ils peuvent surmonter les obstacles.
- Soulignez l'importance de terminer ce qu'on a commencé.
- Parlez de vos propres expériences.
- Soulignez les réalisations et demandez aux élèves d'exprimer ce qu'ils ressentent lorsqu'ils atteignent un objectif.

Les bonnes habitudes de travail

Aidez les élèves à assumer la responsabilité de leurs apprentissages. Encouragez-les à autoévaluer leurs habitudes de travail quotidiennes au moyen de critères adaptés à leur âge et faciles à comprendre. La grille d'évaluation « Comment ça va? », à la fin du présent guide, aidera à clarifier ce qu'est un travail exemplaire et quelles sont les qualités d'excellents élèves.

Des exemples à suivre

Présentez aux élèves une liste de personnalités historiques et d'autres personnes qui ont fait preuve de persévérance et d'assiduité pour atteindre un objectif, tels un explorateur du Canada ou Terry Fox. Demandez-leur de créer une affiche, un dépliant ou un compte rendu à propos de cette personne.
* Si possible, invitez une personne de la communauté qui a fait preuve de persévérance pour accomplir quelque chose malgré un handicap ou d'autres obstacles.

AMORCES DE DISCUSSION SUR LA PERSÉVÉRANCE

DISCUSSION SUR LA PERSÉVÉRANCE

Qu'est-ce que la persévérance?
Qu'est-ce que l'assiduité?

Donne des exemples.

DISCUSSION SUR LA PERSÉVÉRANCE

Pourquoi certaines personnes cessent-elles de faire des efforts pour atteindre leurs objectifs?

Explique ta réponse.

DISCUSSION SUR LA PERSÉVÉRANCE

Crois-tu que l'attitude a quelque chose à voir avec le succès?

Explique ta réponse.

DISCUSSION SUR LA PERSÉVÉRANCE

Comment l'estime de soi influence-t-elle la capacité d'atteindre un objectif?

Explique ta réponse.

DISCUSSION SUR LA PERSÉVÉRANCE

Préfères-tu fixer des objectifs faciles à atteindre ou des objectifs élevés qui présentent plus de difficultés?

Explique ta réponse.

DISCUSSION SUR LA PERSÉVÉRANCE

Y a-t-il un domaine où tu devrais montrer plus de persévérance?

Explique ta réponse.

T-SHIRT SUR LA PERSÉVÉRANCE

Crée un slogan pour un t-shirt afin de promouvoir la persévérance.

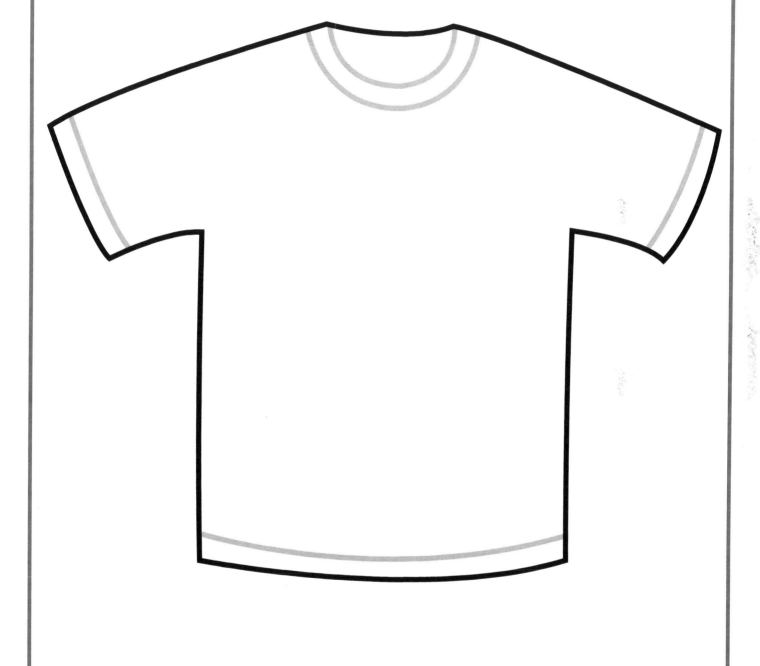

QUESTIONNAIRE SUR LA PERSÉVÉRANCE

Les gens réussissent lorsqu'ils persévèrent dans la poursuite de leurs objectifs. Voici quelques façons de faire preuve de persévérance. En répondant à ce questionnaire, tu auras l'occasion de te demander si tu persévères pour atteindre tes objectifs.

	Toujours	Parfois	Jamais
J'essaie de faire de mon mieux.			
J'établis un objectif et je me concentre pour l'atteindre.			
Je n'abandonne pas quand c'est difficile.			
Je ne remets pas les choses à plus tard.			
Je fais preuve de discipline.			
J'apprends de mes erreurs et de mes échecs.			

Crois-tu que tu fais preuve de persévérance? Explique ta réponse.

_____

_____

_____

_____

QUESTIONNAIRE SUR LES HABITUDES DE TRAVAIL

On travaille mieux quand on a de bonnes habitudes de travail. Voici quelques exemples de bonnes habitudes de travail. En répondant à ce questionnaire, tu auras l'occasion de réfléchir à tes propres habitudes de travail.

	Toujours	Parfois	Jamais
Je m'applique et termine mon travail à temps.			
J'organise bien mon temps.			
Je respecte les directives.			
Je garde mes affaires en ordre.			
Je suis responsable de mes apprentissages.			

Crois-tu que tu as de bonnes habitudes de travail? Explique ta réponse.

_____

_____

_____

_____

_____

J'ÉTABLIS UN OBJECTIF

Mon objectif _____

Pourquoi as-tu choisi cet objectif? _____

Nomme les étapes nécessaires pour atteindre cet objectif :

_____

_____

_____

_____

_____

_____

_____

_____

À quelle date souhaites-tu atteindre ton objectif? _____

Comment sauras-tu que tu l'as atteint?

_____

LA RESPONSABILITÉ ET LA FIABILITÉ

Responsabilité : le fait de s'acquitter de ses obligations et de ses tâches avec soin et au complet
Fiabilité : le fait d'être digne de la confiance d'autrui

Les responsabilités à la maison

Encouragez les élèves à réfléchir à leur rôle dans leur famille. Quelles responsabilités ont-ils? Il peut s'agir de tâches comme laver la vaisselle ou passer l'aspirateur, ou encore du respect des règles fixées par les parents ou les tuteurs. Demandez-leur de réfléchir aux contributions spéciales faites par chaque membre de la famille. Notez leurs réponses sur un tableau, en ajoutant des crochets chaque fois qu'une contribution est répétée. Quelles sont les responsabilités associées aux animaux domestiques?

Les responsabilités à l'école

Faites un remue-méninges avec le groupe au sujet des responsabilités qui incombent aux élèves. Cela peut comprendre le fait d'arriver à l'heure à l'école, d'organiser son matériel, de faire ses devoirs et de participer aux discussions en classe. Demandez-leur s'ils ont comme responsabilité d'être un modèle pour les élèves plus jeunes.

La gestion du temps

Avec la classe, dressez la liste des obligations que les élèves ont à la maison, à l'école et ailleurs. Ces obligations peuvent inclure les tâches ménagères, les devoirs, les cours et les activités parascolaires. Demandez-leur ce que signifie l'expression « gestion du temps ». Croient-ils qu'il est important de prévoir du temps dans leur horaire pour se détendre? Qui est responsable de gérer leur temps? Pensent-ils pouvoir bien gérer leur temps sans aide? Dites-leur de remplir la feuille « Je gère mon temps ». Lorsqu'ils ont terminé, discutez du nombre d'obligations qu'ils ont durant la semaine. Vérifiez s'ils ont réussi à inclure des activités de leur choix.

Prendre des décisions responsables

Encouragez les enfants à se demander si quelque chose est bien ou mal avant d'agir dans diverses situations. Proposez des jeux de rôles avec différents scénarios. Comparez ce qui se produit dans chaque cas lorsque des élèves décident de « bien agir » et lorsque d'autres choisissent de « mal agir ». Comment se sentent-ils après chaque décision? Quelles sont les conséquences?

Matière à réflexion :

1. À quoi peux-tu réfléchir avant de décider si une action est bonne ou mauvaise?
2. Que se passerait-il si personne ne se préoccupait de faire ce qui est bien?
3. Es-tu d'accord avec l'expression : « Un objet appartient à celui qui le trouve »? Explique ta réponse.

La fiabilité

Discutez avec les élèves de la fiabilité dont ils peuvent faire preuve dans leurs actions quotidiennes. Encouragez-les à réfléchir au fait que les gens dépendent de la confiance pour l'accomplissement des tâches à la maison, à l'école et dans la communauté. Que se passerait-il si nous vivions dans un monde où les gens ne pouvaient pas se faire confiance? Comment sait-on si quelqu'un est digne de confiance?

DISCUSSION SUR LA RESPONSABILITÉ

Quelles sont les caractéristiques d'une personne responsable?

Explique ta réponse.

DISCUSSION SUR LA RESPONSABILITÉ

De quelles façons montres-tu que tu es responsable chez toi?

Explique ta réponse.

DISCUSSION SUR LA RESPONSABILITÉ

De quelles façons montres-tu que tu es responsable à l'école?

Explique ta réponse.

DISCUSSION SUR LA RESPONSABILITÉ

De quelles façons montres-tu que tu es responsable dans ta communauté?

Explique ta réponse.

DISCUSSION SUR LA RESPONSABILITÉ

Qu'est-ce que la responsabilité a à voir avec le fait de grandir?

Explique ta réponse.

DISCUSSION SUR LA RESPONSABILITÉ

Est-il toujours facile d'être responsable?

Pourquoi?

14

AMORCES DE DISCUSSION SUR LA RESPONSABILITÉ

DISCUSSION SUR LA RESPONSABILITÉ

Te considères-tu comme une personne responsable?

Explique ta réponse.

DISCUSSION SUR LA RESPONSABILITÉ

Crois-tu que les gens devraient assumer la responsabilité de leurs actions?

Pourquoi?

DISCUSSION SUR LA RESPONSABILITÉ

Crois-tu que le fait d'être considéré comme une personne responsable ou irresponsable peut avoir un effet sur l'estime de soi?

Explique ta réponse.

DISCUSSION SUR LA RESPONSABILITÉ

Nomme certaines des responsabilités qu'ont les enfants de ton âge.

Explique ta réponse.

DISCUSSION SUR LA RESPONSABILITÉ

Nomme certaines des responsabilités qu'ont les adultes.

Explique ta réponse.

DISCUSSION SUR LA RESPONSABILITÉ

Quels sont les avantages d'être une personne responsable?

Explique ta réponse.

15

QUESTIONNAIRE SUR LA RESPONSABILITÉ

Lorsque tu es responsable, tu te comportes avec sérieux. Voici quelques façons d'agir de façon responsable. En répondant à ce questionnaire, tu auras l'occasion de te demander à quel point tu es responsable.

	Toujours	Parfois	Jamais
J'assume la responsabilité de mes actes.			
J'ai comme responsabilité de faire mes travaux scolaires à temps et avec soin.			
Je suis digne de confiance.			
Je fais ce qui doit être fait sans qu'on doive me le rappeler.			
Je prends des décisions responsables.			
Je ne me trouve pas d'excuses et je ne blâme pas les autres.			
Je respecte mes engagements.			

Penses-tu que tu es une personne responsable? Explique ta réponse.

_____

_____

_____

_____

Pour être responsable, il faut savoir gérer son temps. Dresse la liste des activités, tâches, cours, travaux scolaires ou autres projets que tu dois faire à l'extérieur de l'école. À la fin de chaque jour, souligne les responsabilités dont tu t'es acquitté ou acquittée.

Dimanche	
Lundi	
Mardi	
Mercredi	
Jeudi	
Vendredi	
Samedi	

QUESTIONNAIRE SUR LA FIABILITÉ

Les gens s'entendent mieux quand ils sont fiables et dignes de confiance. Voici quelques façons dont on peut démontrer qu'on est digne de confiance. En répondant à ce questionnaire, tu auras l'occasion de te demander à quel point tu es fiable.

	Toujours	Parfois	Jamais
Je respecte toujours mes engagements.			
Je tiens mes promesses.			
Je ne triche pas.			
Je dis la vérité.			
J'obéis aux règlements.			
Je peux garder un secret.			

Crois-tu que tu es une personne fiable? Explique ta réponse.

_____

_____

_____

_____

L'ORGANISATION FAMILIALE

Réfléchis à ton rôle au sein de ta famille. Quelles sont tes responsabilités? Comment participes-tu? Remplis ce tableau pour montrer que les membres d'une famille ont différentes responsabilités.

MEMBRE DE LA FAMILLE	RESPONSABILITÉS

MES RESPONSABILITÉS

Quelles responsabilités penses-tu avoir personnellement envers :

1. TOI-MÊME?

2. TA FAMILLE?

3. TA COMMUNAUTÉ?

4. LE MONDE?

COURRIER DU CŒUR

Imagine que tu tiens une chronique de courrier du cœur dans un magazine pour les jeunes. Lis les lettres suivantes et réponds à chacune.

Chère confidente,

Mes amis m'ont dit que je devais voler quelque chose pour faire partie de leur groupe. Si je ne le fais pas, ils ne seront plus mes amis. Je veux qu'ils soient mes amis, mais je ne veux pas voler!

Que dois-je faire?

Cher confident,

Mon ami David veut que je me présente avec lui aux épreuves de sélection pour l'équipe de soccer. J'aime jouer au soccer, mais je ne veux pas me ridiculiser.

Que dois-je faire?

Chère confidente,

Toutes mes amies ont déjà embrassé quelqu'un. J'ai l'impression d'être la seule à ne pas l'avoir fait. Je me sens différente. Devrais-je embrasser un garçon pour régler la question?

Que dois-je faire?

Cher confident,

J'aimerais faire partie de la chorale de l'école. Mes amis trouvent que je chante bien. Ils disent qu'ils viendront passer l'audition avec moi. Mais je me sens nerveuse.

Que dois-je faire?

Chère confidente,

Je suis très bon en maths et il y aura un test bientôt. Mon ami veut que je l'aide à tricher. Il dit que, si je suis son ami, je devrais le laisser copier. Je pense que c'est mal.

Que dois-je faire?

Cher confident,

Je suis dans une nouvelle classe cette année. Mes nouvelles amies n'aiment pas ma meilleure amie. Elles disent que je dois choisir entre elles et cette amie.

Que dois-je faire?

AMORCES DE DISCUSSION SUR LA FIABILITÉ

DISCUSSION SUR LA FIABILITÉ

Que signifie être fiable?

Donne des exemples.

DISCUSSION SUR LA FIABILITÉ

Crois-tu que la confiance joue un rôle important dans une amitié?

Explique ta réponse.

DISCUSSION SUR LA FIABILITÉ

Un ami te confie un secret et te demande de ne le répéter à personne. Que se passerait-il si tu le racontais à quelqu'un?

Explique ta réponse.

DISCUSSION SUR LA FIABILITÉ

Tu viens de confier un secret à une amie, qui l'a répété à quelqu'un d'autre. Comment te sens-tu? Que fais-tu?

Explique ta réponse.

DISCUSSION SUR LA FIABILITÉ

Est-il possible de regagner la confiance de quelqu'un quand on l'a perdue?

Explique ta réponse.

DISCUSSION SUR LA FIABILITÉ

Comment peut-on regagner la confiance de quelqu'un?

Explique ta réponse.

COMMENT DIRE « NON! »

Voici quelques conseils pour t'aider à dire « non! » lorsque tu es dans une situation difficile avec un ami ou une amie, ou encore un groupe.

1er CONSEIL
Dis clairement ce que tu penses.

Par exemple :
Non, je ne ferai pas cela. C'est illégal!
Non, je ne ferai pas cela. C'est dangereux!
Non, je ne ferai pas cela. Ça pourrait me rendre malade!

2e CONSEIL
Propose une autre activité ou un autre endroit où aller.
Cela aidera les autres à se ranger à ta position.

Par exemple :
Allons chez moi, à la place.
Allons au parc.

3e CONSEIL
Si tu ne peux pas convaincre ton ami de changer d'idée, pars en lui faisant comprendre qu'il a le choix de te rejoindre.

Par exemple :
Bon, je m'en vais. Si tu changes d'avis, viens me rejoindre à _____.

Fais une liste de situations où tu dirais « NON! » :

1.	2.
3.	4.
5.	6.
7.	8.
9.	10.

LA COURTOISIE

Le fait d'avoir un comportement poli et gentil envers les autres

La courtoisie

Demandez aux élèves s'ils savent ce que signifient les mots « courtoisie » et « politesse ». En classe, faites un remue-méninges pour dresser une liste de ce qui est courtois et de ce qui ne l'est pas. Créez un registre à partir de cette liste.

Amorces de discussion :
1. Pourquoi est-il important d'être poli avec les autres?
2. Comment te sens-tu quand quelqu'un est poli avec toi?
3. Comment te sens-tu quand tu es poli ou polie?
4. Selon toi, comment se sentent les gens quand tu fais preuve de politesse à leur égard?
5. Donne des exemples des façons dont tu pourrais faire preuve de courtoisie aujourd'hui.

Encourager le respect

Demandez aux élèves ce que cela signifie de traiter les autres avec respect. En classe, dressez une liste de choses à faire et à ne pas faire si on veut traiter les gens avec respect dans différentes situations, par exemple quand quelqu'un est invité dans la classe. Affichez la liste sur le mur en guise de rappel pour les élèves. Voici quelques exemples : se montrer courtois et poli, écouter les autres sans les interrompre, traiter les autres comme on voudrait être traité, ne pas dénigrer les gens ni être méchant avec eux, et ne pas juger les gens avant de les connaître.

Semblables, mais uniques

Encouragez les élèves à réfléchir au fait que les gens peuvent être semblables tout en demeurant uniques. Questionnez-les sur divers sujets et créez des diagrammes démontrant que les gens peuvent être semblables ou différents. Les questions peuvent porter sur des sujets comme : le mois de naissance, les langues parlées, les passe-temps et les aliments favoris. Vous pouvez aussi souligner les différences entre les élèves en identifiant des journées spéciales dans diverses cultures.

Amorces de discussion :
1. Qu'est-ce que les élèves ont remarqué?
2. Qu'est-ce qui les a surpris?

L'amitié

Demandez aux élèves de définir l'amitié et de dire s'ils croient qu'il faut être soi-même un bon ami ou une bonne amie pour avoir de bons amis. Créez tous ensemble une « recette » des comportements à adopter pour être un bon ami ou une bonne amie. Discutez de ces comportements et demandez aux élèves de nommer des camarades qui ont ces comportements, par exemple qui partagent, qui aident les autres, qui ont l'esprit sportif ou qui sont drôles, justes ou gentils

Amorces de discussion :
1. Je pense que ce que je fais de mieux, comme amie, c'est...
2. Je pense que, comme ami, je dois améliorer...

QUESTIONNAIRE SUR LE RESPECT

Les gens s'entendent mieux quand ils sont respectueux les uns envers les autres. Voici quelques façons dont on peut faire preuve de respect. En répondant à ce questionnaire, tu auras l'occasion de te demander si tu fais preuve de respect à l'égard des autres.

	Toujours	Parfois	Jamais
Je traite les autres comme j'aimerais qu'ils me traitent.			
Je fais preuve de courtoisie et je parle poliment.			
Je prête attention aux sentiments des autres.			
Je traite les autres équitablement.			
Je ne dénigre pas les autres et ne les embarrasse pas.			

Crois-tu que tu es une personne respectueuse? Explique ta réponse.

_____

_____

_____

_____

BIEN S'ENTENDRE AVEC LES AUTRES

Les gens s'entendent mieux s'ils coopèrent et sont attentifs aux autres. En répondant à ce questionnaire, tu auras l'occasion de réfléchir à la façon dont tu t'entends avec les autres.

Habiletés de coopération

	Toujours	Parfois	Jamais
Je partage avec les autres.			
J'attends mon tour.			
J'assume la responsabilité de ma contribution au travail d'équipe.			
Je félicite les autres quand ils réussissent quelque chose.			
En cas de désaccord, je discute et cherche une solution.			
J'invite les autres à participer.			

Habiletés d'écoute

	Toujours	Parfois	Jamais
J'écoute les autres sans les interrompre.			
Je me concentre sur ce que dit la personne qui parle.			
Je pose des questions pour m'assurer que j'ai compris ou pour en apprendre davantage.			
Je regarde la personne qui parle.			
En cas de désaccord, je discute et cherche une solution.			

Habiletés d'expression orale

	Toujours	Parfois	Jamais
Je parle clairement.			
Je regarde la personne à qui je parle.			
Je parle assez fort pour que les autres m'entendent.			

Compose un acrostiche sur l'amitié.

A _____

M _____

I _____

T _____

I _____

É _____

RÉFLEXION SUR LA BONNE ENTENTE

Relis tes réponses. Comment évaluerais-tu tes habiletés pour ce qui est de t'entendre avec les autres? Explique ton raisonnement.

_____

_____

_____

En quoi as-tu besoin de t'améliorer?

_____

_____

_____

Comment peux-tu utiliser ces habiletés dans ta vie de tous les jours?

_____

_____

_____

LA COMPASSION

Le fait de s'efforcer de comprendre les besoins et les sentiments des autres

Tout le monde a des sentiments

En classe, dressez une liste de différents types de sentiments. Discutez de situations dans lesquelles chacun de ces sentiments peut se manifester. Demandez aux élèves de remplir les fiches traitant des sentiments et discutez-en ensemble.

S'occuper des autres

Demandez aux élèves de définir la gentillesse. Tenez une séance de remue-méninges et dressez une liste de ce qu'on fait et de ce qu'on ne fait pas quand on est gentil et qu'on pense aux autres. Demandez des exemples précis de chaque comportement suggéré par les élèves.

Amorces de discussion :
1. Comment se sent un nouvel élève en arrivant dans une classe?
2. Que peux-tu faire pour qu'il se sente le bienvenu?
3. Comment peux-tu montrer à tes proches que tu te préoccupes d'eux?

Des gestes de gentillesse

Demandez aux élèves de donner des exemples de gentillesse. Inscrivez leurs réponses sur une feuille grand format. Invitez-les à décrire le genre de sentiments qu'éveille chacun des exemples cités. Faites-leur comprendre qu'ils peuvent rendre les gens heureux, par exemple en leur faisant des compliments ou en se montrant gentils avec eux. Invitez-les à créer des cartes de compliments ou d'appréciation pour d'autres élèves, ou à fabriquer des coupons à distribuer comme geste de gentillesse.

Amorces de discussion :
• Comment se sent-on quand on est gentil? Et quand on est méchant?

Quand on est en colère...

Demandez aux élèves de se rappeler un moment où ils ont été en colère. Invitez-les à expliquer ce qui s'était passé et comment ils ont réagi. Par exemple :

• quelqu'un a été injuste envers moi;
• il y avait quelqu'un à ma place;
• quelqu'un a brisé quelque chose;
• quelqu'un ne voulait pas partager;
• quelqu'un m'a pris quelque chose;
• quelqu'un a été méchant avec moi ou m'a taquinée.

L'intimidation

L'intimidation consiste à faire mal à quelqu'un, physiquement ou psychologiquement. Aidez les élèves à comprendre ce qu'est l'intimidation et à se rendre compte que ce comportement peut exister chez des gens de toutes sortes. C'est généralement un comportement qui se répète régulièrement. L'intimidation peut être :

Physique : frapper une personne, lui donner des coups de poing, la faire trébucher, la bousculer, lui voler ses affaires, l'enfermer ou l'empêcher d'entrer quelque part, etc

Verbale : taquiner une personne, la dénigrer, se moquer d'elle, faire des remarques embarrassantes, etc.

Relationnelle : exclure une personne d'un groupe, répandre des rumeurs sur elle, l'ignorer, etc.

L'objectif est d'amener les élèves à comprendre comment on se sent quand on est victime d'intimidation, pour qu'ils développent de l'empathie et aident à mettre fin à ce type de comportement.

Compose un acrostiche sur la compassion.

C _____

O _____

M _____

P _____

A _____

S _____

S _____

I _____

O _____

N _____

JE T'APPRÉCIE!

OUI, TOI!

Merci de...

_____

_____

_____

_____

_____

_____

_____

_____

_____

_____

_____

_____

_____

_____

_____

_____

_____

_____

_____

RÉFLEXION SUR LES SENTIMENTS

Décris des situations qui pourraient causer les sentiments ci-dessous.

joie	
tristesse	
colère	
inquiétude	
peur	

QU'EST-CE QUE L'INTIMIDATION?

L'intimidation, c'est quand quelqu'un est volontairement méchant avec une autre personne. Par exemple :

- • en l'insultant ou en la dénigrant;
- • en la poussant ou en la frappant;
- • en l'excluant ou en l'ignorant.

Nomme 3 choses que peut faire une victime d'intimidation.

1. _____

2. _____

3. _____

Nomme 2 choses que tu peux faire si tu vois qu'une personne est victime d'intimidation.

1. _____

2. _____

RÉFLEXION SUR L'INTIMIDATION

Comment se sent une personne qui est victime d'intimidation, d'après toi?

SENTIMENT   **POURQUOI?**

SENTIMENT   **POURQUOI?**

SENTIMENT   **POURQUOI?**

Encercle en vert les choses que tu devrais faire quand tu es victime d'intimidation.
Encercle en rouge celles qu'il ne faut pas faire en cas d'intimidation.

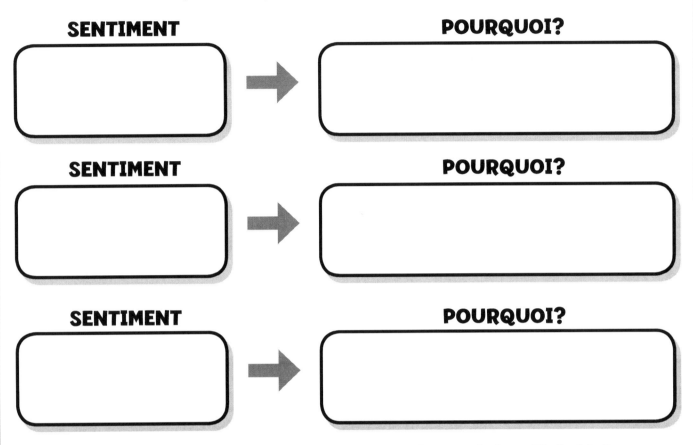

Ne le dire à personne

Ignorer la personne qui t'intimide

Le dire à un enseignant ou une enseignante, ou à une ou un autre adulte

Aller dans un endroit sûr

Te battre avec cette personne

Dire que tu n'aimes pas ça

SITUATIONS D'INTIMIDATION : QUE FAIRE?

Discute avec une ou un camarade, puis, ensemble, suggérez ce qu'il faut faire dans chaque situation, en vous plaçant dans la position d'un témoin ou de la personne victime d'intimidation.

Exemples d'intimidation	Que peut faire le témoin?	Que peut faire la victime d'intimidation?
• Se moquer des vêtements ou de l'apparence d'une personne.		
• Bousculer quelqu'un dans le couloir.		
• Insulter quelqu'un.		
• Envoyer des courriels méchants.		
• Menacer de battre une personne si elle refuse de faire ce qu'on lui dit.		
• Obliger quelqu'un à nous donner de l'argent.		
• Ne pas laisser une personne s'asseoir près de nous, même s'il y a de la place.		
• Répandre des rumeurs au sujet de quelqu'un.		

DES CONSEILS

Choisis :
- Écris une lettre de conseils à une personne qui est victime d'intimidation.
- Écris une lettre de conseils à une personne qui cherche à intimider les autres.
- Écris une lettre de conseils à une personne qui est témoin d'un acte d'intimidation.

Cher/Chère _____

_____

_____

_____

_____

_____

_____

_____

_____

_____

Amicalement,

_____

36

L'ÉQUITÉ ET LA TOLÉRANCE

Équité : le fait d'être juste, honnête et impartial
Tolérance : le fait de respecter les différences, opinions et croyances des autres

L'équité

Demandez aux élèves de définir l'équité.

1. Qu'est-ce que ça veut dire, traiter les gens équitablement?
2. As-tu déjà dit « Ce n'est pas juste »? Comment sais-tu si une chose est injuste?
3. As-tu déjà joué avec quelqu'un qui trichait? Comment te sentais-tu?
4. L'équité, est-ce que ça veut dire appliquer les mêmes règles pour tous, même si ça signifie qu'on va perdre?
5. Que ferais-tu si on t'accusait d'une chose que tu n'as pas faite?

L'honnêteté

Demandez aux élèves ce qu'ils pensent de la phrase « L'honnêteté est toujours la meilleure option ». Sont-ils d'accord? Demandez-leur d'expliquer leurs réponses.

Amorces de discussion :

1. Pourrais-tu faire confiance à quelqu'un qui ment? Qui triche? Qui vole? Pourquoi?
2. T'est-il déjà arrivé de dire la vérité même si c'était difficile? Explique.

L'esprit sportif

Discutez tous ensemble de l'expression « Ce qui est important, ce n'est pas de gagner, mais de participer ». Parlez des différentes façons de démontrer qu'on a l'esprit sportif. Demandez aux élèves de créer un dépliant sur l'esprit sportif à l'aide du modèle à reproduire fourni dans ce guide.

La tolérance

Encouragez les élèves à être conscients des différences entre les gens. Créez ensemble une liste de questions auxquelles chaque élève devra répondre sur la feuille « Entrevue éclair ». Par exemple : Quels sont tes plats favoris? Quelles langues parles-tu? Quels sont tes films préférés? As-tu un animal domestique? Puis formez des équipes de deux qui devront s'interviewer. Faites-leur interroger le plus d'élèves possible dans la classe. Discutez ensuite de cette activité et de ce qu'ils ont découvert à propos des autres.

La résolution de conflits

Présentez aux élèves la notion de résolution de conflits. Il s'agit d'un processus qui aide à résoudre les problèmes de façon positive. Chaque personne en cause est encouragée à assumer la responsabilité de ses actes. Voici quelques étapes à suivre dans la résolution de conflits :

- Quel est le problème?
- Écouter sans interruption.
- Discuter de la question.
- Proposer différentes solutions.

Discutez de ce processus avec les élèves. Organisez des jeux de rôles pour leur permettre d'appliquer les différentes étapes du processus dans plusieurs situations. Encouragez-les à essayer de comprendre le point de vue de l'autre. Vous voudrez peut-être vous inspirer de situations vécues dans votre classe. Invitez-les à proposer différentes solutions pour leur faire voir que, si une solution ne fonctionne pas, il est toujours possible d'en trouver une autre. Affichez les étapes à suivre au tableau pour que les élèves puissent s'y reporter facilement.

DISCUSSION SUR LA TOLÉRANCE

Que veut dire être tolérant?

Donne des exemples.

DISCUSSION SUR LA TOLÉRANCE

Crois-tu que les gens doivent être plus tolérants les uns avec les autres?

Explique ta réponse.

DISCUSSION SUR LA TOLÉRANCE

La tolérance, est-ce que cela veut dire que tout le monde doit être d'accord ou croire aux mêmes choses?

Explique ta réponse.

DISCUSSION SUR LA TOLÉRANCE

Pourquoi est-il important d'être tolérant et d'accepter les différences chez les autres?

Explique ta réponse.

DISCUSSION SUR LA TOLÉRANCE

Quelles sont certaines des choses que les gens ont le plus de mal à tolérer?

Donne des exemples.

DISCUSSION SUR LA TOLÉRANCE

Quelles sont les caractéristiques d'une personne tolérante?

Explique ta réponse.

ENTREVUE ÉCLAIR

Question	Quelqu'un qui a une réponse différente de la tienne.	Quelqu'un qui répond la même chose que toi.

RÉFLEXION SUR LA TOLÉRANCE

Quelle influence la tolérance peut-elle avoir :

À LA MAISON?	
À L'ÉCOLE?	
DANS LA COMMUNAUTÉ?	
DANS LE MONDE?	

QUESTIONNAIRE SUR L'ÉQUITÉ

Les gens s'entendent mieux quand ils se montrent justes les uns envers les autres. Voici quelques exemples d'équité. En répondant à ce questionnaire, tu auras l'occasion de te demander si tu es équitable envers les autres.

	Toujours	Parfois	Jamais
Je traite les autres comme j'aimerais qu'ils me traitent.			
Je pense à l'effet de mes actions sur les autres.			
Je respecte les règles.			
Je traite les autres de façon égale.			
En cas de désaccord, je discute et cherche une solution.			
Quand j'ai tord, je l'admets.			
Je fais preuve d'esprit sportif.			

Te considères-tu comme une personne équitable? Explique ta réponse.

_____

_____

_____

_____

RÉSOUDRE LES CONFLITS

Pense à un conflit qui s'est produit entre toi et un ami ou une amie, ou encore un membre de ta famille.

Décris le conflit : _____

_____

_____

_____

Comment l'avez-vous résolu : _____

_____

_____

_____

Si tu crois qu'il y avait une meilleure façon de le résoudre,
décris-la : _____

_____

_____

_____

Si tu crois que c'était la meilleure façon de le résoudre,
explique pourquoi : _____

_____

_____

TROUVE UNE SOLUTION!

Quel est le problème?

Écoute sans interrompre.

Discute du problème.

Propose d'autres solutions.

Mets-toi à la place de l'autre.

LE CIVISME

Le fait de respecter les lois et d'apporter sa contribution à son école,
à sa communauté et à son pays.

Qu'est-ce que le civisme?

Présentez la notion de civisme aux élèves. Insistez sur le fait qu'ils ont tous quelque chose à apporter à la classe, à l'école et à la communauté.

Faites un remue-méninges pour dresser une liste des choses que les enfants peuvent faire pour aider à la maison, à l'école et dans la communauté.

Amorces de discussion :

1. Demandez aux élèves comment ils se sentent quand ils aident quelqu'un.
2. Demandez-leur comment ils se sentent quand quelqu'un les aide.
3. Parlez des gens qui travaillent comme bénévoles à l'école ou dans la communauté, et discutez des motivations de ces personnes.
4. Comment le fait de respecter les règles montre-t-il qu'on est un bon citoyen?
5. Comment les travailleurs communautaires font-ils de la collectivité un endroit meilleur?

À chacun sa contribution

En groupe, dressez une liste de gens qui pourraient avoir besoin d'aide. Invitez les élèves à penser à des gens qu'ils connaissent ou aux enfants des pays pauvres, par exemple. Discutez des organismes de bienfaisance dont les enfants ont entendu parler et des activités de collecte de fonds auxquelles ils ont participé à l'école ou avec leur famille.

Donnez-leur l'occasion de démontrer leur civisme en participant à un projet scolaire ou communautaire. Par exemple :

- planter un jardin à l'école;
- recueillir des jouets pour les enfants défavorisés;
- recueillir des vêtements pour un refuge;
- participer à une collecte de livres pour l'école ou un refuge;
- amasser des fournitures scolaires pour les enfants des pays pauvres;
- amasser des pièces d'un dollar pour une association charitable;
- participer à une journée de ramassage des déchets;
- se rendre en groupe dans un foyer de personnes âgées pour y chanter des chansons ou jouer à des jeux avec les résidents.

Collage sur le civisme

Invitez les élèves à créer un collage sur le civisme en se servant de mots, d'illustrations et de photos provenant de journaux ou de magazines.

QUESTIONNAIRE SUR LE CIVISME

Les gens s'entendent mieux quand tout le monde fait preuve de civisme. Voici quelques façons d'être un bon citoyen ou une bonne citoyenne. En répondant à ce questionnaire, tu auras l'occasion de te demander si tu fais preuve de civisme.

	Toujours	Parfois	Jamais
Je prends soin de l'environnement.			
Je fais ma part pour mon école.			
Je fais ma part pour ma communauté.			
Je traite les autres avec respect.			
Je respecte la loi.			
Je suis responsable de mes actes.			

Te considères-tu comme un bon citoyen ou une bonne citoyenne? Explique ta réponse.

_____

_____

_____

_____

Compose un acrostiche sur le civisme.

C _____

I _____

V _____

I _____

S _____

M _____

E _____

COLLAGE SUR LE CIVISME

Découpe et colle ici des images et du texte qui présentent de bons exemples de civisme.

Décris ton collage.

_____

_____

_____

_____

QUELQU'UN QUE J'ADMIRE

Dessine le portrait d'une personne que tu admires.

Explique pourquoi tu admires cette personne.

_____

_____

_____

_____

_____

_____

_____

DES FACTEURS QUI NOUS INFLUENCENT

Pense à tes comportements. Quelle influence ont eue tes amis, ta famille, les médias et tes enseignants sur ton caractère et ta façon de te comporter? Complète ce tableau en expliquant si l'influence a été positive ou négative.

FACTEUR	Estime de soi	Civisme	Compassion
FAMILLE			
AMIS			
MÉDIAS			
ENSEIGNANTS			

DES FACTEURS QUI NOUS INFLUENCENT

Pense à tes comportements. Quelle influence ont eue tes amis, ta famille, les médias et tes enseignants sur ton caractère et ta façon de te comporter? Complète ce tableau en expliquant si l'influence a été positive ou négative.

FACTEUR	Tolérance	Courtoisie	Responsabilité
FAMILLE			
AMIS			
MÉDIAS			
ENSEIGNANTS			

LE JOURNAL DE

_____

SUR LES BONS COMPORTEMENTS

Quelques idées pour ton journal :

- Décris comment tu as fait preuve de civisme.
- Décris comment tu as fait preuve de courtoisie.
- Explique ce que tu as fait pour atteindre un objectif spécial.
- Décris comment tu as montré que tu étais responsable.
- Décris comment tu as montré que tu étais un bon ami, ou une bonne amie.

MES BONS COMPORTEMENTS

Lundi

MES BONS COMPORTEMENTS

Mardi

MES BONS COMPORTEMENTS

Mercredi

MES BONS COMPORTEMENTS

Jeudi

MES BONS COMPORTEMENTS

Vendredi

MES BONS COMPORTEMENTS

Samedi

MES BONS COMPORTEMENTS

Dimanche

Choisis un bon comportement et crée une affiche à ce sujet.

Décris ton affiche.

_____

_____

_____

_____

POÈME SUR LES COMPORTEMENTS

Compose un cinquain, c'est-à-dire un poème à cinq vers selon les indications suivantes :

ligne 1 : un mot

ligne 2 : deux mots

ligne 3 : trois mots

ligne 4 : quatre mots

ligne 5 : un mot

Comportement _____

Comportement _____

MESSAGE PUBLICITAIRE

Choisis un bon comportement. Crée un message publicitaire pour la radio ou la télé sur ce thème.

Ma publicité parle de :

_____

_____

☐ Ma publicité transmet un message clair.

_____

_____

☐ Ma publicité donne des raisons qui appuient le message.

_____

_____

_____

_____

☐ Ma publicité se termine par une pensée à retenir.

_____

_____

Accessoires

☐ J'ai utilisé des accessoires pour rendre mon message publicitaire intéressant.

Exécution

☐ Je me suis exercé(e) et j'ai présenté mon annonce publicitaire de façon expressive.

DÉPLIANT SUR LES COMPORTEMENTS

Un dépliant est un prospectus contenant de l'information. Choisis un bon comportement et crée un dépliant sur ce sujet.

1RE ÉTAPE : La maquette

TÂCHES	COMPLÉTÉE
1. Prends une feuille de papier et plie-la de la façon prévue pour ton dépliant.	
2. • Avant de rédiger le texte, trace une maquette au crayon à mine • Inscris le titre de chaque section à l'endroit désiré. • Laisse de l'espace dessous pour ajouter du texte. • Prévois aussi de l'espace pour des diagrammes ou des illustrations.	

2^E ÉTAPE : L'ébauche

TÂCHES	COMPLÉTÉE
1. Fais des recherches, puis rédige chacune des sections.	
2. Relis le texte pour vérifier le contenu, puis ajoute, enlève ou modifie des mots pour améliorer le style d'écriture.	

3^E ÉTAPE : La révision

☐ J'ai vérifié l'orthographe.

☐ J'ai vérifié la ponctuation.

☐ J'ai vérifié la clarté des phrases.

☐ Mon dépliant est soigné et bien organisé.

☐ Mon dépliant contient des illustrations et des diagrammes.

☐ Mon dépliant a une belle présentation.

MAGAZINE SUR LES COMPORTEMENTS

Forme une équipe avec des camarades pour créer un magazine sur les bons comportements. Voici une liste de vérification pour vous assurer de la qualité de votre publication.

Couverture du magazine

☐ Le nom du magazine est bien en évidence et facile à lire.

☐ Une illustration attrayante présente le thème du magazine aux lecteurs.

☐ Un ou deux gros titres informent les lecteurs sur le contenu du magazine.

Mot du rédacteur ou de la rédactrice en chef

☐ Cette lettre s'adresse aux lecteurs.

☐ Elle explique pourquoi il est important qu'ils lisent votre magazine.

Table des matières

☐ Elle contient une liste complète du contenu du magazine.

Messages publicitaires

☐ On trouve des publicités créées par des élèves tout au long du magazine.

Planification

☐ Toutes les tâches prévues dans la planification ont été complétées.

Réflexion :

Faites une liste d'idées d'articles, de messages publicitaires ou d'autres éléments que vous aimeriez inclure dans votre magazine.

PLANIFICATION DU MAGAZINE

Membres de l'équipe : _____

_____

Tâche	Coéquipiers/ Coéquipières	Complétée

J'ÉCRIS UN ARTICLE DE MAGAZINE

Imagine que tu es journaliste pour un magazine. Écris un article afin d'aider les élèves à comprendre l'importance et les avantages d'avoir un bon comportement. Voici quelques suggestions de sujets :

- une personne que tu admires;
- l'importance d'assumer la responsabilité de ses actes;
- l'influence que peut avoir une personne qui fait preuve de civisme.

Voici les éléments qu'un article doit comprendre :

- la **MANCHETTE** ou gros titre;
- la **SIGNATURE** de l'auteur ou l'auteure (toi);
- l'**INTRODUCTION** qui présente les faits principaux;
- le **DÉVELOPPEMENT** qui donne plus de détails sur le thème;
- la **CONCLUSION** qui fournit aux lecteurs une idée à garder en mémoire.

Liste de vérification :

Contenu

☐ J'ai une MANCHETTE qui identifie l'article.

☐ J'ai ma SIGNATURE.

☐ J'ai une INTRODUCTION qui présente les faits importants.

☐ J'ai un DÉVELOPPEMENT qui fournit plus d'informations.

☐ J'ai une CONCLUSION qui donne aux lecteurs une idée à retenir.

Grammaire et style

☐ J'ai écrit de façon soignée et le titre est bien lisible.

☐ J'ai inclus une illustration en couleurs.

☐ J'ai vérifié l'orthographe.

☐ J'ai utilisé des mots intéressants.

☐ J'ai vérifié la ponctuation.

Chalkboard Publishing © 2010

UNE TOILE D'IDÉES SUR...

LES BONS COMPORTEMENTS

Donne des exemples illustrant chacun de ces comportements.

CIVISME

PERSÉVÉRANCE

COURTOISIE

RESPONSABILITÉ

ESPRIT SPORTIF

LES BONS COMPORTEMENTS

Donne des exemples illustrant chacun de ces comportements.

ÉQUITÉ

COOPÉRATION

TOLÉRANCE

COMPASSION

FIERTÉ

MOTS CACHÉS SUR LES COMPORTEMENTS

E	Z	R	E	T	C	E	P	S	E	R	E	T	G	F
S	O	E	C	H	O	N	N	E	T	E	T	E	O	A
T	D	S	O	T	L	G	B	E	D	M	P	I	F	Z
I	B	P	M	R	L	E	V	O	I	S	E	E	D	C
M	H	O	P	I	A	N	O	E	L	I	R	C	L	O
E	G	N	O	Q	B	T	E	I	I	V	S	O	W	N
V	E	S	R	V	O	I	U	S	G	I	E	M	F	F
B	T	A	T	I	R	L	E	I	E	C	V	P	I	I
O	I	B	E	E	A	L	F	O	N	S	E	A	T	A
S	L	I	M	E	T	E	I	T	C	U	R	S	I	N
Y	I	L	E	P	I	S	E	R	E	D	A	S	S	C
H	B	I	N	O	O	S	R	U	R	E	N	I	O	E
M	A	T	T	I	N	E	T	O	O	P	C	O	P	H
R	I	E	Q	U	I	T	E	C	E	L	E	N	M	U
U	F	T	A	C	C	E	C	N	A	R	E	L	O	T

Trouve les mots suivants dans la grille (certains sont écrits à l'envers).

civisme
collaboration
compassion
comportement
confiance
courtoisie

diligence
équité
estime
fiabilité
fierté
gentillesse

honnêteté
persévérance
positif
respect
responsabilité
tolérance

FLEUR DES COMPORTEMENTS

Inscris un bon comportement au centre de la fleur. Donne des exemples de ce comportement dans les pétales.

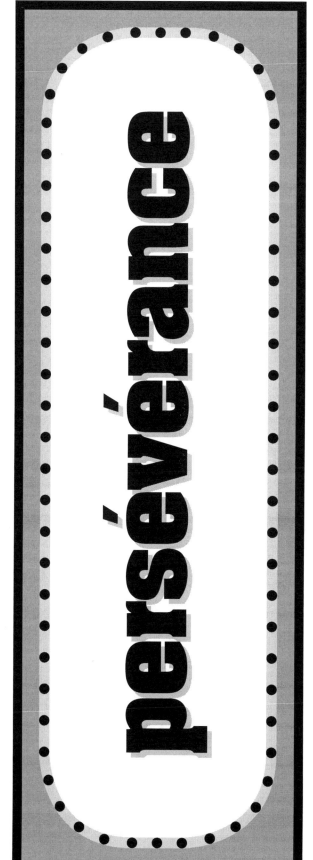

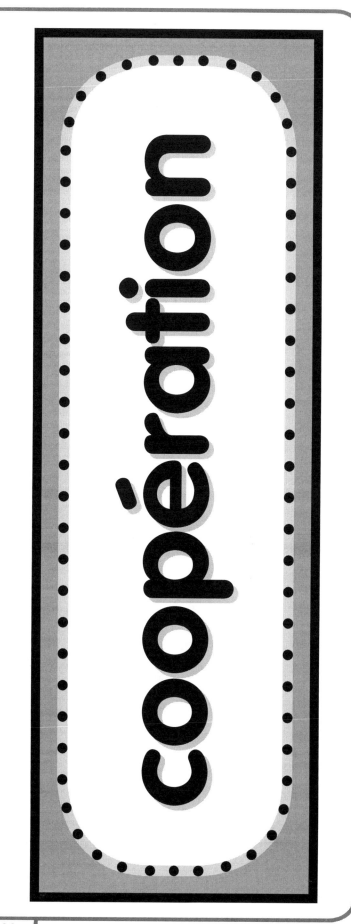

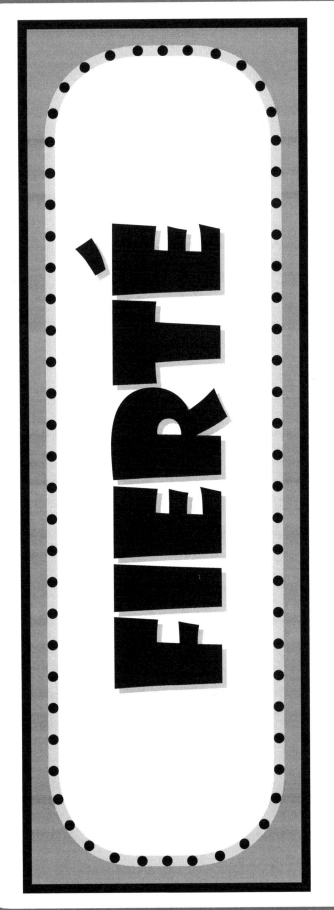

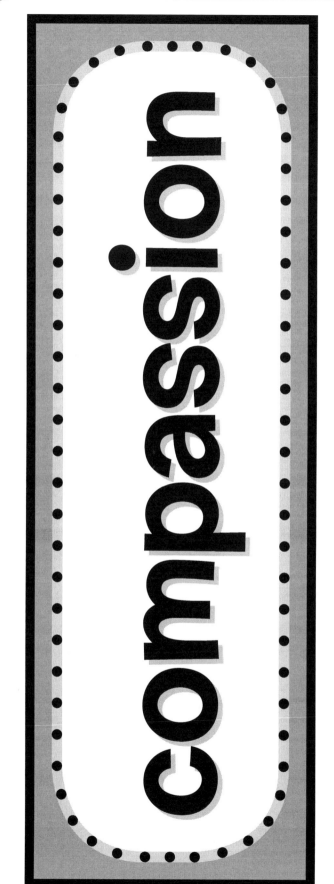

compassion

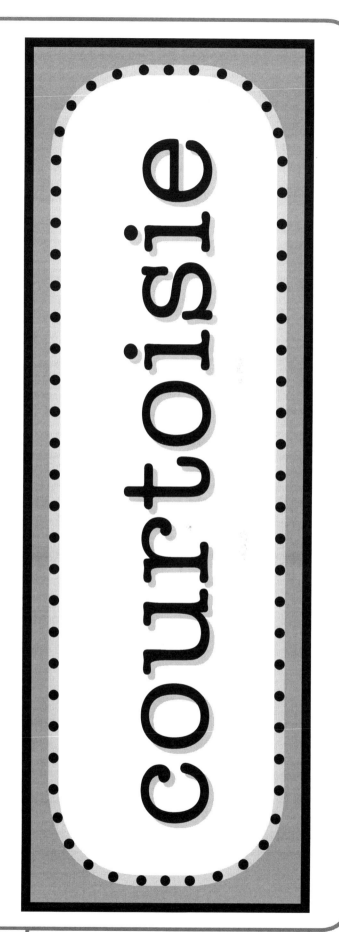

courtoisie

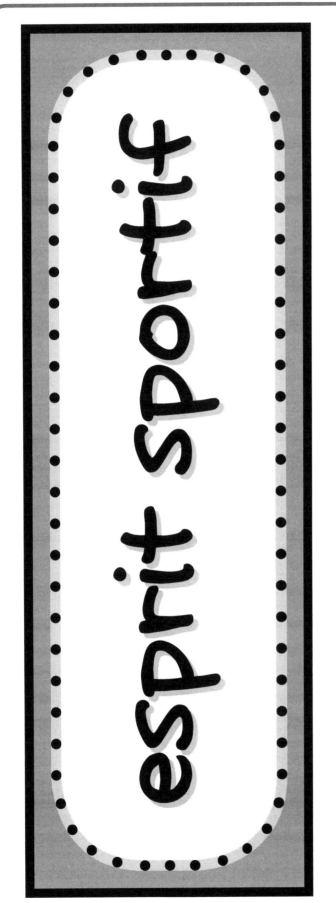

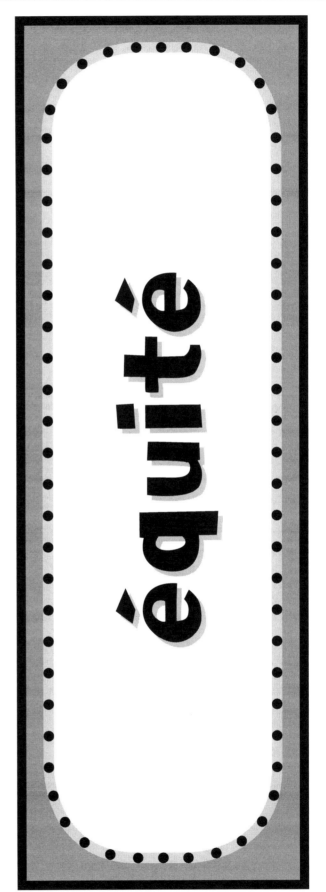

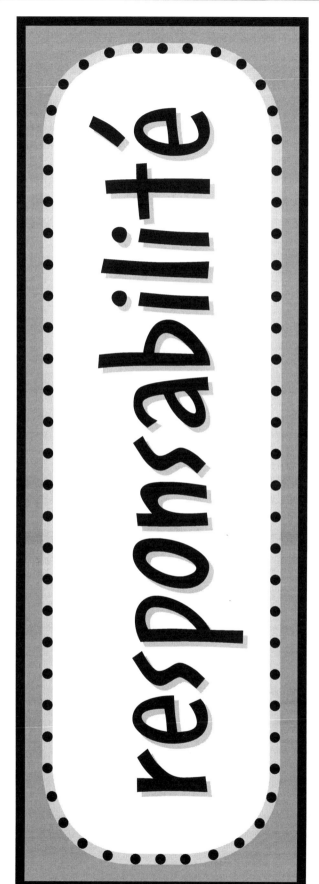

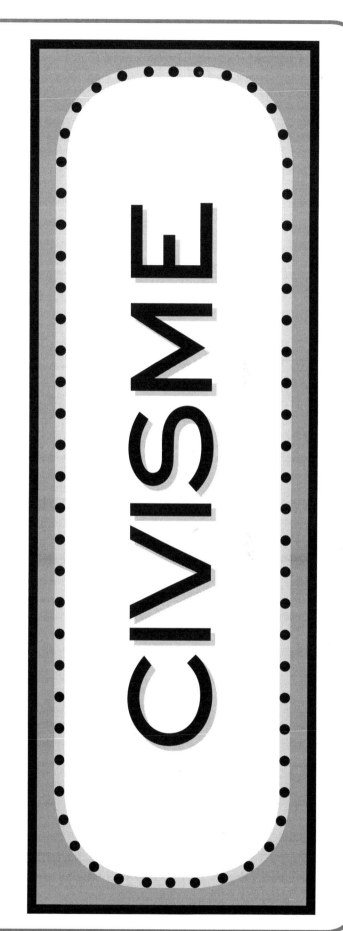

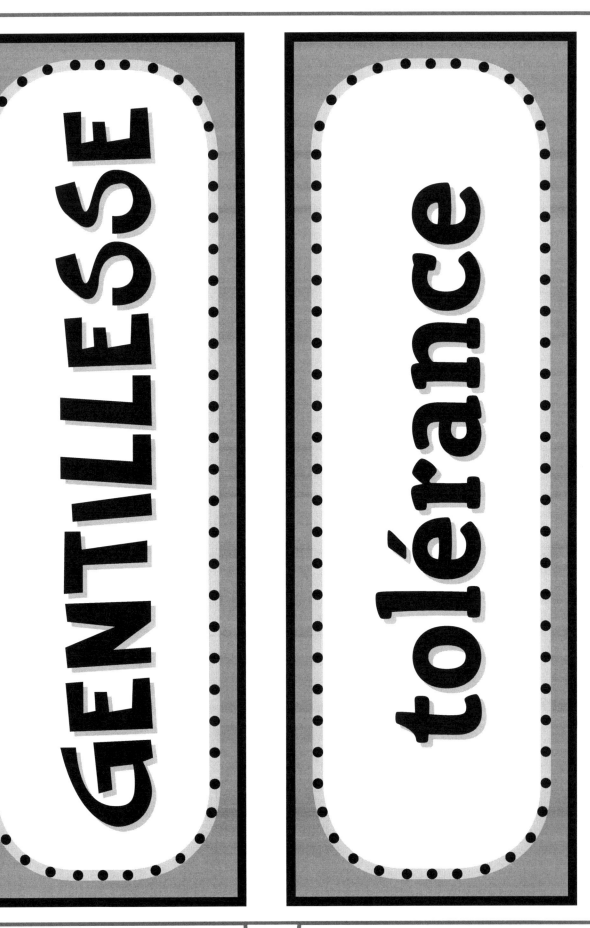

GENTILLESSE

tolérance

74

PRIX DE LA RESPONSABILITÉ

Bravo! Continue!

PRIX DE L'AMITIÉ

Ce prix est attribué à :

PRIX DE LA COURTOISIE

BRAVO! CONTINUE!

PRIX DES BONNES MANIÈRES

CE PRIX EST ATTRIBUÉ À :

BRAVO!
Continue!

SUPER
ESPRIT SPORTIF!

Ce prix est attribué à :

_____

PRIX DU CIVISME

BRAVO!
CONTINUE!

Prix du service
communautaire

Ce prix est attribué à :

GRILLE D'ÉVALUATION DE LA PARTICIPATION

NIVEAU	DESCRIPTION DE LA PARTICIPATION DE L'ÉLÈVE
Niveau 4	L'élève contribue toujours aux discussions et aux activités en classe en exprimant des idées et en posant des questions.
Niveau 3	L'élève contribue généralement aux discussions et aux activités en classe en exprimant des idées et en posant des questions.
Niveau 2	L'élève contribue parfois aux discussions et aux activités en classe en exprimant des idées et en posant des questions.
Niveau 1	L'élève contribue rarement aux discussions et aux activités en classe en exprimant des idées et en posant des questions.

GRILLE D'ÉVALUATION DE LA COMPRÉHENSION DES CONCEPTS

NIVEAU	DESCRIPTION DE LA COMPRÉHENSION DES CONCEPTS
Niveau 4	L'élève démontre une excellente compréhension de tous ou presque tous les concepts et donne toujours des explications complètes et appropriées sans l'aide de qui que ce soit. Elle ou il n'a pas besoin d'aide de l'enseignante ou l'enseignant.
Niveau 3	L'élève démontre une bonne compréhension de la plupart des concepts et donne généralement des explications complètes ou à peu près complètes. Elle ou il a rarement besoin d'aide de l'enseignante ou l'enseignant.
Niveau 2	L'élève démontre une compréhension satisfaisante de la plupart des concepts et donne parfois des explications appropriées, mais souvent incomplètes. Elle ou il a parfois besoin d'aide de l'enseignante ou l'enseignant.
Niveau 1	L'élève démontre une piètre compréhension des concepts et donne rarement des explications complètes. Elle ou il a besoin d'une aide intensive de l'enseignante ou l'enseignant.

GRILLE D'ÉVALUATION DES CAPACITÉS DE COMMUNICATION

NIVEAU	DESCRIPTION DES CAPACITÉS DE COMMUNICATION
Niveau 4	L'élève communique toujours avec clarté et précision, tant oralement que par écrit. Elle ou il emploie toujours une terminologie et un vocabulaire appropriés.
Niveau 3	L'élève communique généralement avec clarté et précision, tant oralement que par écrit. Elle ou il emploie la plupart du temps une terminologie et un vocabulaire appropriés.
Niveau 2	L'élève communique parfois avec clarté et précision, tant oralement que par écrit. Elle ou il emploie parfois une terminologie et un vocabulaire appropriés.
Niveau 1	L'élève communique rarement avec clarté et précision, tant oralement que par écrit. Elle ou il emploie rarement une terminologie et un vocabulaire appropriés.

COMMENT ÇA VA?

	JE FAIS MON TRAVAIL...	J'ORGANISE MON TEMPS...	JE SUIS LES CONSIGNES...	J'ORGANISE MES AFFAIRES...
SUPER!	• Je fais toujours mon travail au complet et avec soin. • J'ajoute des détails supplémentaires.	• Je termine toujours mon travail à temps.	• Je suis toujours les consignes.	• Mes affaires sont toujours en ordre. • Je suis toujours prêt(e) et disposé(e) à apprendre.
CONTINUE!	• Je fais mon travail au complet et avec soin. • Je vérifie mon travail.	• Je termine généralement mon travail à temps.	• Je suis généralement les consignes sans qu'on me les rappelle.	• Je trouve généralement mes affaires. • Je suis généralement prêt(e) et disposé(e) à apprendre.
ATTENTION!	• Je fais mon travail au complet. • Je dois vérifier mon travail.	• Je termine parfois mon travail à temps.	• J'ai parfois besoin qu'on me rappelle les consignes.	• J'ai parfois besoin de temps pour trouver mes affaires. • Je suis parfois prêt(e) et disposé(e) à apprendre.
ARRÊTE!	• Je ne fais pas mon travail au complet. • Je dois vérifier mon travail.	• Je termine rarement mon travail à temps.	• J'ai besoin qu'on me rappelle les consignes.	• Je dois mieux organiser mes affaires. • Je suis rarement prêt(e) et disposé(e) à apprendre.

80

Chalkboard Publishing © 2010